# Espinosa
# &
# a afetividade humana

Coleção **PASSO-A-PASSO**

CIÊNCIAS SOCIAIS PASSO-A-PASSO
*Direção: Celso Castro*

FILOSOFIA PASSO-A-PASSO
*Direção: Denis L. Rosenfield*

PSICANÁLISE PASSO-A-PASSO
*Direção: Marco Antonio Coutinho Jorge*

*Ver lista de títulos no final do volume*

Marcos André Gleizer

# Espinosa
# &
# a afetividade humana

ZAHAR

*Para Alfa e Julia*



*Capa*
Sérgio Campante

CIP-Brasil. Catalogação na fonte
Sindicato Nacional dos Editores de Livros, RJ

G468s

Gleizer, Marcos André, 1961-
Espinosa & a afetividade humana / Marcos André Gleizer. — 1ª ed. — Rio de Janeiro: Zahar, 2005.
(Filosofia Passo-a-passo; 53)
Inclui bibliografia
ISBN 978-85-7110-831-8

1. Spinoza, Benedictus de, 1632-1677. 2. Teoria do conhecimento. 3. Ciência — Metodologia. I. Título. II. Série.

04-3314

CDD: 199.492
CDU: 1(492)


EDITORA SCHWARCZ S.A.
Praça Floriano, 19, sala 3001 — Cinelândia
20031-050 — Rio de Janeiro — RJ
Telefone: (21) 3993-7510
www.companhiadasletras.com.br
www.blogdacompanhia.com.br
facebook.com/editorazahar
instagram.com/editorazahar
twitter.com/editorazahar



Esta obra foi composta por TopTextos Edições Gráficas em Minion e Frutiger e impressa em processo sob demanda pela Um Livro sobre papel offset para a Editora Schwarcz a partir de 2024

# Sumário

Este livro resultou de uma pesquisa que obteve o apoio financeiro do CNPq (bolsa de produtividade em pesquisa), da Capes (bolsa de pós-doutorado) e do Prociência (programa de dedicação exclusiva dos docentes da Uerj).

# Introdução

O objetivo deste livro é apresentar as grandes linhas da teoria da afetividade humana desenvolvida por Baruch Espinosa (1632-1677) em sua obra principal, a *Ética demonstrada à maneira dos geômetras.*

O título da obra magna de Espinosa revela o interesse fundamentalmente ético que norteia a totalidade de sua reflexão filosófica. Com efeito, em um de seus primeiros trabalhos, o *Tratado da reforma do entendimento*, Espinosa narra sua experiência de desilusão com a busca dos bens mundanos (honras, riquezas e prazeres) quando tomados como fins últimos da existência humana, e lança o projeto de encontrar "um bem supremo, comunicável e pelo qual a alma seja afetada de uma alegria eterna, contínua e suprema". Este bem supremo, nos diz Espinosa, consiste no "conhecimento da união que a alma tem com a Natureza inteira, isto é, com Deus". É esse projeto de busca da beatitude pelo conhecimento — no qual o verdadeiro contentamento e a autêntica liberdade nascem do ato de intelecção que nos une a nós mesmos, a Deus e às coisas — que a *Ética* realiza.

Não se deve pensar, no entanto, que a desilusão com o valor dos bens mundanos e a busca da beatitude pelo conhecimento de Deus signifiquem a adoção de um ideal de vida ascética dedicada à mortificação dos desejos, à erradicação das paixões, à denúncia de sua origem em algum vício da natureza humana e à adoração temerosa de um Deus transcendente que nos recompensará no além por nossos sacrifícios. É exatamente contra este tipo de ideal, contra o imaginário metafísico-moral a ele vinculado e a postura moralizadora que ele engendra em relação à afetividade, que se levanta o espaço conceitual teórico e prático construído na *Ética*.

A identificação entre Deus e a Natureza, assinalada na citação do *Tratado* e demonstrada na primeira parte da *Ética*, por si só já indica claramente que o Deus de Espinosa em nada se confunde com o Deus transcendente, pessoal e criador da tradição judaico-cristã. Seu Deus é imanente à Natureza, e o conhecimento de nossa união com ele nada mais é do que o conhecimento intelectual de nós mesmos como partes da Natureza, partes integralmente submetidas, como todas as outras, às leis causais necessárias que regem o comportamento das coisas naturais. Neste espaço teórico dominado pelas idéias de imanência e necessidade, a exigência racionalista de inteligibilidade integral do real será colocada a serviço da intuição fundamental da unidade da Natureza e levada às suas últimas conseqüências.

Ora, a universalização da necessidade causal é incompatível com a crença no livre-arbítrio. É esta crença em uma vontade livre, capaz de transcender incondicionalmente a ordem preexistente, que permite que o homem acredite ter a faculdade de subtrair-se às leis comuns da Natureza e possa imaginar-se como dotado de um poder absoluto sobre suas ações e paixões. É a crença no livre-arbítrio, entendido como um poder absoluto de sim e de não, que torna possível que o homem imagine-se na Natureza, para utilizarmos a célebre expressão de Espinosa, "como um império dentro de um império". É ela, em última análise, que explica por que a maior parte daqueles que escreveram sobre os afetos e a maneira de viver dos homens parecem ter tratado não de coisas naturais, mas de coisas que estão fora da Natureza.

No entanto, para Espinosa, essa crença não passa de uma ilusão espontânea do conhecimento imaginativo característico de nossa consciência imediata. Com efeito, os homens crêem que são livres porque "são conscientes de suas volições e apetites e ignoram as causas que os dispõem a querer e a apetecer". Assim, um desejo cujo múltiplo condicionamento causal é ignorado é apreendido como um desejo incondicionado, o sujeito considerando-se como sua causa primeira e única. A imaginação constata a presença irrecusável de um efeito, mas a ignorância das verdadeiras causas introduz uma falsa interpretação do mesmo, engendrando a ilusão do livre-arbítrio.

A ruptura com o preconceito voluntarista, com a crença de que o sujeito é senhor absoluto de suas determinações, acarretará na *Ética* a substituição da postura moralista pela do cientista natural e tornará possível a elaboração de uma autêntica ciência da afetividade humana. Afinal, o desejo, a alegria, a tristeza, o amor, o ódio e toda a gama de afetos que colorem nossa existência têm causas determinadas e efeitos necessários tão dignos de conhecimento quanto qualquer outra coisa natural. Este conhecimento, no entanto, não é apenas uma atividade intelectual digna e prazerosa que viria a satisfazer uma curiosidade científica desinteressada e existencialmente neutra. Segundo o projeto de liberação proposto na *Ética*, só o conhecimento verdadeiro das causas dos mecanismos afetivos aos quais estamos submetidos permite elaborar uma técnica realista para moderar as paixões e reduzir os efeitos naturalmente obsessivos, ambivalentes e alienantes que explicam a experiência de desilusão de que partiu Espinosa. Só a potência do conhecimento racional — enraizada, como veremos, no mesmo princípio desejante que se manifesta na vida passional, e, por isso mesmo, dotada de uma dimensão afetiva que lhe é peculiar — permite transformar gradualmente a vida do indivíduo e conduzi-lo a gozar dos afetos ativos que constituem o núcleo afetivo da experiência da beatitude: o contentamento interior e o amor intelectual por Deus.

A teoria da afetividade exerce, assim, uma função essencial no projeto ético de Espinosa. Ela depende, contudo, de premissas metafísicas e epistemológicas que a fundamentam e garantem sua adequada compreensão. Por isso, antes de apresentarmos suas principais idéias é importante obtermos uma visão geral da natureza e da estrutura sistemáticas da *Ética*, da posição que esta teoria ocupa no sistema e do método utilizado em sua elaboração.

## Sistema e método

O título da *Ética* revela não apenas o objetivo que a orienta, mas também o paradigma de racionalidade com o qual se pretende atingi-lo. Por sua forma geométrica, a *Ética* constitui a exemplificação mais perfeita da vontade de sistema e do ideal de matematização do saber característicos da modernidade. Com efeito, o sistema encadeado ao longo das cinco partes que a compõem pode ser considerado como a realização plena do projeto cartesiano de uma ciência unificada que abrange a totalidade do real. Este projeto foi formulado metaforicamente na carta-prefácio da edição francesa dos *Princípios da filosofia* mediante a famosa comparação da filosofia com uma árvore cujas raízes são a metafísica, o tronco é a física e o galho mais perfeito, a moral, "que, na medida em que pressupõe um completo conhecimento das outras ciências, é o mais alto grau da sabedoria".

Embora partilhando do ideal cartesiano de uma ciência dedutiva que conduza da metafísica à ética, Espinosa discorda não apenas do método adotado por Descartes na construção desta ciência, mas também de várias teses metafísicas cuja aceitação, no seu entender, inviabiliza por princípio a realização desse empreendimento. Com efeito, a árvore cartesiana possui três raízes principais, na seguinte ordem: a existência indubitável do sujeito pensante, ponto de partida da construção do sistema; a existência de um Deus veraz, fundamento da verdade do sistema; a união da alma e do corpo, ponto culminante da metafísica e ponto de partida da moral elaborada no tratado das *Paixões da alma*. Ora, essa pluralidade de raízes, em especial a tensão entre o ponto de partida do sistema (*cogito*) e seu fundamento último (Deus), por si só oferece uma resistência à redução sistemática. Porém, o que torna impossível de direito a realização do sistema são os elementos incompreensíveis contidos em cada uma dessas raízes, particularmente aqueles envolvidos nas seguintes teses:

1) a incompreensibilidade da onipotência infinita de Deus, cuja liberdade de escolha exercida no ato indiferente de criação (ato que inclui, segundo Descartes, a criação das verdades necessárias da razão) constitui, para usarmos as palavras de Espinosa, um "magno obstáculo à ciência";

2) a afirmação do livre-arbítrio humano, cuja compatibilização com a onipotência divina exercida de forma contínua na conservação da criação (doutrina da criação contínua), por um lado, e com o reino da causalidade natural, por outro, é incompreensível;

3) a incompatibilidade entre a tese do dualismo substancial e a da união substancial. Com efeito, após ter procurado demonstrar que a alma e o corpo são duas substâncias finitas realmente distintas — a primeira sendo completamente definida pelo pensamento e a segunda, pela extensão —, Descartes sustenta que, embora elas não possuam nada de comum entre si, estão intimamente unidas no homem, interagindo por intermédio da glândula pineal. Ora, essa interação causal entre realidades heterogêneas, responsável pelo movimento voluntário quando a alma comanda o corpo e pelos sentimentos quando o corpo afeta a alma, é incompreensível. Ela tem como conseqüências tanto o fato

de o corpo "informado" pela alma não ser passível de uma abordagem em termos exclusivamente físicos quanto o fato de a alma humana conter um núcleo de percepções sensíveis, dentre as quais se incluem as paixões, irredutivelmente obscuras e confusas. Tais conseqüências oferecem uma resistência ineliminável ao conhecimento racional do homem, colocando em xeque a elaboração de uma ciência da conduta da vida.

Ora, a presença dessas zonas de incompreensibilidade não apenas inviabiliza o sistema, mas contraria frontalmente a primeira regra do método de Descartes, segundo a qual devemos evitar a precipitação e a prevenção e só afirmar como verdadeiro aquilo que percebemos clara e distintamente. A contradição é tão violenta que suscita uma reação indignada por parte de Espinosa:

> Por certo, eu não posso admirar-me suficientemente que um filósofo, que tinha determinado firmemente nada deduzir senão de princípios evidentes e de nada afirmar senão aquilo que percebesse clara e distintamente, e que tantas vezes censurara os escolásticos por eles terem querido explicar as coisas obscuras por qualidades ocultas, admita uma hipótese mais oculta que todas as qualidades ocultas. Que entende ele — por favor — pela união da alma e do corpo? Que conceito claro e distinto tem ele — pergunto — de um pensamento estreitissimamente unido a uma determinada parcelazinha de quantidade? Queria muito que ele tivesse explicado pela sua causa próxima esta união. Mas ele tinha concebido a alma de tal forma distinta do corpo que não podia apresentar nenhuma

causa singular nem desta união nem da própria alma, mas foi-lhe necessário recorrer à causa de todo o Universo, isto é, a Deus."

A indignação é compreensível. Afinal, Espinosa reconhece em Descartes um precursor quando este, na carta-prefácio das *Paixões da alma*, expressa sua intenção de explicar as paixões não como um orador, nem mesmo como um moralista, mas "*en physicien*", isto é, de explicá-las por suas causas primeiras como um filósofo natural. Porém, a falta de rigor na aplicação da regra da evidência e a adesão às teses metafísicas acima mencionadas fazem com que a ciência das paixões e a técnica proposta para controlá-las sejam falsas e ilusórias, de modo que o galho supremo da árvore do saber não pode dar os frutos esperados.

Para evitar esse resultado na construção de seu sistema, Espinosa começa por recusar toda e qualquer zona de mistério e incompreensibilidade, adotando de forma absoluta o princípio da inteligibilidade integral do real e aplicando de maneira irrestrita o princípio de razão suficiente: tudo tem uma causa ou razão. A inteligibilidade integral, por sua vez, se realiza segundo um único modelo de racionalidade, aquele exemplificado pelo método sintético da geometria euclidiana, reformado de modo a lhe conferir um caráter genético.

A escolha do método sintético não é gratuita. Ela se opõe à preferência cartesiana pelo método analítico que parte do conhecimento do efeito e regride em direção ao conhecimento da causa. É este o método adotado por Descartes em suas *Meditações metafísicas*, por considerar que "a análise mostra o verdadeiro caminho pelo qual uma coisa foi metodicamente descoberta". Ora, segundo Espinosa, "conhecer verdadeiramente é conhecer pelas causas". Por essa razão ele considera que o método sintético, que progride do conhecimento da causa em direção ao conhecimento do efeito, é o verdadeiro método de invenção. Nele nós partimos de definições para, em conjunto com os axiomas, deduzirmos paulatinamente as diversas propriedades dos objetos. Ora, a definição perfeita deve ser genética, isto é, deve descrever o modo de produção do objeto definido, pois só assim podemos deduzir *a priori* todas as suas propriedades. Por exemplo, o círculo deve ser definido como a figura descrita por uma linha, da qual uma extremidade é fixa e a outra, móvel. Daí se pode facilmente inferir que todas as linhas que vão do centro à circunferência são iguais. É este modelo de geometria genética, elaborado no *Tratado* a partir da influência de Hobbes, que Espinosa aplicará à totalidade do real.

Ora, se conhecer é conhecer pela causa, é preciso que nosso espírito deduza todas as suas idéias a partir daquela que representa a origem da Natureza inteira, isto é, é necessário que a idéia da causa primeira de todas as coisas seja a causa de todas as idéias, de modo que a ordem e conexão das idéias reproduza a ordem e conexão das coisas. Visto ser Deus a causa primeira de todas as coisas, Espinosa sustenta que, segundo a verdadeira ordem do filosofar, é preciso partir do conhecimento da essência de Deus para dele deduzir o conhecimento do Universo tanto sob seus aspectos materiais quanto sob seus aspectos mentais. Evidentemente, para que se possa proceder a essa dedução de forma contínua e necessária é preciso que a crença imaginativa em um Deus transcendente, pessoal e criador seja substituída pelo conhecimento adequado de um Deus imanente à Natureza, do qual todas as coisas são modificações particulares produzidas não por um ato contingente de escolha, mas pelo exercício necessário de uma potência causal desprovida de qualquer finalidade. Assim, racionalismo absoluto, determinismo causal, imanência divina e naturalismo integral fornecem o horizonte teórico onde o sistema dedutivo unificado pode ser enfim construído. Com isso, tudo pode ser explicado a partir de uma única raiz.

Essa raiz metafísica única é precisamente o objeto da primeira parte da *Ética*, cujo título é "De Deus". Nela Espinosa demonstra a tese central do monismo. Vejamos alguns aspectos básicos dessa tese necessários para a compreensão de nosso tema.

Na *Ética I* Espinosa demonstra que a metafísica cartesiana é dominada por obscuridades, confusões e mesmo contradições. Segundo essa metafísica, o Universo é constituído por uma multiplicidade de substâncias finitas classificadas, em função de seus atributos essenciais, em duas categorias: os corpos (substâncias materiais definidas pela extensão tridimensional) e os espíritos (substâncias imateriais definidas pelo pensamento). Mas o que Descartes entende por "substância"? Uma das definições que ele oferece é a de "uma coisa que necessita apenas de si para existir", isto é, de algo que possui auto-suficiência existencial. Evidentemente, Descartes se dá conta de que essa definição não pode ser aplicada univocamente a Deus e às criaturas. Estas últimas não podem subsistir sequer um momento sem serem conservadas na existência por Deus, de modo que apenas Deus, em um sentido estrito, "necessita apenas de si para existir". Porém, ainda que as coisas criadas não sejam absolutamente independentes, Descartes utiliza o termo "substância" para designar, de forma análoga, aquelas criaturas que podem existir sem a ajuda de outras, enquanto as que dependem de Deus e de outras criaturas para existir recebem o nome de "modos".

Ora, Espinosa recusa submeter a definição de substância ao tratamento analógico que permitiria aplicá-la a Deus e às criaturas. Para ele, o método analógico é incapaz de evitar o antropomorfismo e acaba atribuindo a Deus o que caracteriza as criaturas e vice-versa. Assim, adotando o termo "substância" no sentido unívoco em que ele se aplica apenas a Deus, e acrescentando à auto-suficiência existencial a auto-suficiência conceitual, Espinosa define a substância como "aquilo que existe em si e por si é concebido, isto é, aquilo cujo conceito não carece do conceito de outra coisa para ser formado". Partindo dessa definição, ele demonstra, em conjunto com as outras definições e axiomas do sistema, que uma investigação rigorosa de suas conseqüências lógicas exibe a incompatibilidade radical entre substancialidade e finitude, e conduz à tese monista, isto é, à afirmação de que na realidade há uma única substância absolutamente infinita. É essa substância absoluta, constituída por infinitos atributos (entendidos como formas ativas de ser), cada um dos quais é infinito no seu gênero, que será identificada a Deus ou à Natureza. Assim, o pensamento e a extensão (os dois únicos atributos conhecidos por nós) não caracterizam substâncias finitas distintas, mas constituem expressões heterogêneas e infinitas de uma única realidade substancial. Ou seja, o universo material infinito e o universo mental infinito são duas expressões diferentes de uma mesma realidade. A substância divina, portanto, é um ser único que se expressa em diversas formas, ser infragmentável porém matizado, infinitamente diferenciado sem ser descontínuo, e produzindo necessariamente em si uma infinidade de coisas naturais finitas que nada mais são do que seus modos.

O que explica a passagem da substância absoluta aos modos finitos é o fato de a essência da substância ser uma potência. O conceito de potência não designa em Espinosa uma virtualidade cuja atualização seria contingente, mas sim uma atividade causal inesgotável na qual a substância é determinada exclusivamente por sua própria essência a produzir nela mesma infinitas coisas em infinitos modos, isto é, tudo o que é concebível. Como Espinosa assimila a relação de causalidade eficiente à relação de implicação lógico-matemática, os efeitos imanentes assim produzidos são tão necessários quanto as propriedades derivadas de uma figura geométrica, sendo, também como estas, desprovidos de qualquer finalidade. Portanto, Deus, ou seja, a Natureza, não age em vista de nenhum fim.

Sendo a potência o aspecto dinâmico da essência de Deus, e sendo esta essência constituída pelos diversos atributos, cada um deles efetua essa potência segundo seu gênero. Como os atributos são conceitualmente heterogêneos, Espinosa mostra que não pode haver nenhuma interação causal entre eles, de forma que cada um produz a série dos seus modos de maneira completamente autônoma. Assim, o atributo extensão produzirá corpos e o atributo pensamento, idéias.

Porém, se a produção dos modos remete exclusivamente a seus respectivos atributos, e se estes são heterogêneos e autônomos em suas atividades, como explicar que exista alguma relação entre eles? Aqui entra em cena a famosa tese espinosista do paralelismo. Esta tese consiste em sustentar que os atributos, embora autônomos, são isônomos, isto é, que embora produzam seus modos em completa independência, eles agem segundo um mesmo princípio causal, uma mesma lei de produção. Por isso, Espinosa pode afirmar que "quer concebamos a Natureza sob o atributo da extensão, quer sob outro atributo qualquer, encontraremos sempre uma só e mesma ordem, em outras palavras, uma só e mesma conexão de causas, isto é, encontraremos sempre as mesmas coisas seguindo-se umas das outras". Assim como a extensão e o pensamento são expressões distintas da mesma substância, assim também um modo da extensão e a idéia deste modo são uma e a mesma coisa, mas expressa de duas maneiras diferentes.

Mas o que significa exatamente afirmar que os entes finitos são modos da substância absoluta? O conceito de modo define-se por oposição ao de substância como "aquilo que existe em outro e é concebido por outro", ou seja, aquilo que possui dependência existencial e conceitual. Por sua vez, afirmar que um ente é finito significa afirmar que ele é limitado por outra coisa do mesmo gênero (só corpos limitam corpos, e só idéias limitam idéias). Assim, caracterizar algo como um modo finito equivale a mostrar que ele não dispõe de nenhuma auto-suficiência absoluta, que ele só pode ser compreendido a partir de sua relação com a substância e com os outros modos da substância, isto é, com as outras coisas naturais finitas contidas no mesmo atributo. Exibir o status modal de um ente é demonstrar sua dependência existencial, conceitual e também causal, sua dupla determinação causal pela substância absoluta e por um nexo infinito de causas finitas. Em suma, o conceito de modo indica a abertura constitutiva do ser finito. Com ele as coisas finitas deixam de ser pensadas como objetos fechados e auto-suficientes para abrirem-se no seu processo de constituição.

Na produção de um ente finito, dois aspectos distintos devem ser considerados. Por um lado, as essências desses entes são produzidas de maneira direta e incondicional pela substância divina. Assim, essas essências dependem da substância, mas independem umas das outras. Como os entes finitos são modificações certas e determinadas da essência de Deus, e como esta essência é uma potência causal inesgotável, Espinosa demonstra que as essências dos modos finitos são expressões certas e determinadas da potência de Deus, de forma que "não existe coisa alguma de cuja natureza não resulte qualquer efeito". Assim, por meio de suas essências, todas as coisas finitas participam em graus diversos do dinamismo causal da Natureza, e é tal participação, como veremos, que fornecerá o fundamento de toda a teoria da afetividade. Por outro lado, a produção da existência espaço-temporal dos modos finitos é condicionada por um nexo infinito de causas finitas. Assim, a existência dos modos está necessariamente entrelaçada com a dos outros modos, e portanto o exercício de sua potência será em grande parte condicionado pelos encontros oriundos desse entrelaçamento.

A partir da segunda parte da *Ética*, intitulada "Da natureza e origem da alma", essas teses metafísicas gerais serão aplicadas ao caso particular do homem. Se tomarmos o termo "física" em um sentido amplo, como designando a teoria das coisas naturais finitas, podemos dizer que com essa parte de sua obra Espinosa inicia o exame do "tronco físico" do sistema, mediante a dedução genética da alma humana como idéia do corpo.

Com efeito, tendo excluído a substancialidade do finito, Espinosa demonstra que a alma humana não é uma substância pensante finita, mas um modo finito do pensamento infinito, determinado exclusivamente pelas leis lógicas e psicológicas que regem este atributo. Ou seja, a alma humana é uma idéia, a saber, idéia do corpo humano. Este, por sua vez, é um modo finito da extensão infinita, isto é, uma porção finita de matéria submetida às leis do movimento e do repouso que regem o mundo físico. E a união da alma e do corpo não é a mistura incompreensível de duas substâncias metafisicamente independentes, mas a dupla expressão de uma única realidade, de uma única modificação da substância absoluta, pois, segundo a tese do paralelismo, a alma e o corpo são "uma só e mesma coisa expressa de duas maneiras diferentes" no pensamento e na extensão.

Ao demonstrar que a alma é a idéia do corpo, Espinosa subverte a tese cartesiana segundo a qual o conhecimento do espírito precede o do corpo, pois conhecer verdadeiramente a alma é conhecê-la exatamente como sendo a idéia do corpo. Além disso, o conhecimento distinto da alma deve acompanhar o conhecimento distinto do corpo. Com efeito, ao introduzir a tese do pan-psiquismo, segundo a qual "todos os seres são animados em diversos graus", Espinosa afirma que "para determinar em que a alma humana difere das outras e as supera, precisamos conhecer a natureza do seu objeto, isto é, do corpo humano", visto que em virtude do paralelismo, sua complexidade será proporcional à de seu objeto. Por isso, encontramos também na segunda parte da *Ética* um esboço de física, entendida agora no sentido estrito da ciência geral dos corpos, e alguns postulados referentes à fisiologia do corpo humano em particular.

O corpo humano, segundo a física de Espinosa, é um indivíduo extremamente complexo, sendo composto de vários corpos, cada um dos quais também muito composto. Graças a essa complexidade, ele é apto a afetar e a ser afetado de diversas maneiras pelos corpos exteriores, sendo capaz de reter essas afecções, isto é, as modificações nele causadas por essas interações. A expressão mental da composição corporal, exigida pelo paralelismo, implica a exclusão da tese clássica da simplicidade da alma, pois a idéia que constitui a alma humana será, necessariamente, composta de várias idéias. Assim, a alma é apta a perceber um grande número de coisas, numa aptidão proporcional à de seu corpo a afetar e ser afetado pelos outros corpos, pois suas percepções serão constituídas a partir das idéias das afecções do corpo. Ora, embora a alma e o corpo sejam totalidades compostas, eles não são meros agregados, mas totalidades estruturadas e auto-reguladas. O todo não se reduz à mera justaposição das partes, mas define-se por uma lei que organiza as relações entre elas, uma estrutura que confere unidade e individualidade ao todo. Assim, o que define a individualidade de um corpo composto qualquer (seja ele humano ou não) é a relação constante segundo a qual suas partes comunicam seus movimentos entre si, de tal forma que qualquer variação nos seus componentes que não destrua esta relação preserva a identidade do indivíduo. Assim, um indivíduo composto pode sofrer múltiplas variações, afetar e ser afetado de várias maneiras pelos corpos exteriores, conservando sua individualidade através das trocas com o meio circundante. Ora, um indivíduo é uma totalidade em relação às suas partes, mas é ele mesmo uma parte em relação a totalidades mais abrangentes, num processo que remonta ao infinito. A concepção espinosista do indivíduo, compatibilizando a variabilidade com a permanência, permite conceber a "Natureza inteira como um único indivíduo, cujas partes, isto é, todos os corpos, variam de infinitas maneiras, sem mudança do indivíduo total".

A alma tampouco é um mero agregado de idéias. Paralelamente ao que ocorre com o corpo, ela também se define por uma lei que organiza seus componentes, a "lei que funda a unidade da consciência sendo a réplica da lei que funda a unidade corporal". E assim como o corpo é uma totalidade contida em totalidades mais abrangentes, assim também a alma é uma totalidade mental contida em um sistema de representações mais abrangente, constituindo junto com as outras idéias o que Espinosa chama de *entendimento infinito de Deus*, isto é, o conjunto infinitamente complexo de idéias que representam a essência de Deus (estrutura fundamental da realidade) e tudo o que se segue necessariamente dessa essência (totalidade dos objetos e acontecimentos por ela engendrados).

A segunda parte da *Ética* explica ainda a gênese dos conteúdos cognitivos da alma humana a partir das idéias das afecções do corpo. Nessa explicação epistemológica Espinosa apresenta sua divisão tripartite dos gêneros de conhecimento e sua distinção das idéias em adequadas e inadequadas. Trata-se de uma explicação fundamental para o projeto de Espinosa, pois, como veremos, toda a vida afetiva e ética do homem depende da natureza do seu conhecimento.

O primeiro gênero de conhecimento, denominado de opinião ou imaginação, inclui a percepção sensível e a imaginação propriamente dita, isto é, a representação das coisas exteriores como presentes a partir das idéias de suas imagens formadas no corpo humano. Estas imagens são afecções do nosso corpo, efeitos resultantes de sua interação com os corpos exteriores. Em virtude disso, elas dependem tanto da natureza dos corpos que nos afetam, quanto da natureza e da situação do nosso corpo (por exemplo, da natureza de nossos órgãos sensoriais e de nossa posição espaço-temporal). Porém, essas naturezas não são conhecidas verdadeiramente pela imaginação, pois elas são aí percebidas apenas a partir da maneira como afetam nosso corpo, isto é, tal como nos aparecem. Por isso, Espinosa afirma que as idéias imaginativas indicam antes o estado do corpo humano do que a natureza dos corpos exteriores. Por exemplo, quando percebemos o Sol como um pequeno disco próximo da Terra, essa percepção indica a maneira como nosso órgão visual é de fato afetado pelo Sol, mas não representa a sua verdadeira dimensão nem a sua verdadeira distância.

Vemos, assim, que a imaginação se caracteriza por constatar os efeitos ignorando suas verdadeiras causas. Por estar separada do conhecimento das causas, ela é caracterizada como um conhecimento inadequado, parcial, mutilado e confuso. No entanto, ignorando sua própria ignorância das causas e sua própria parcialidade, a imaginação se toma espontaneamente por um autêntico testemunho da realidade. Assim, por exemplo, quem jamais foi levado a questionar a validade das informações obtidas pelos sentidos, crê naturalmente que o Sol é tal como aparece. Por isso, com a imaginação é produzida uma inversão cognitiva da ordem da Natureza, com o efeito sendo tomado pela causa, a parte pelo todo e nossos estados subjetivos sendo projetados como propriedades objetivas das coisas. Ora, conhecer verdadeiramente é conhecer pelas causas. Logo, a imaginação, mesmo sendo dotada de uma positividade ao indicar o estado atual do nosso corpo, não satisfaz as condições do conhecimento verdadeiro e é a única causa da falsidade.

Há ainda dois aspectos importantes do conhecimento imaginativo a serem salientados. O primeiro é a sua natureza espontaneamente alucinatória. Com efeito, dado que as imagens registradas no corpo persistem mesmo quando suas causas exteriores não mais existem, sempre que qualquer uma delas for reativada por causas internas ao corpo, sua idéia afirmará a existência de seu objeto exterior, presentificando assim um objeto ausente. O segundo aspecto diz respeito à ordem e concatenação das imagens corporais, ordem que é fruto dos encontros com os corpos exteriores. Ora, estes encontros dependem da nossa posição espaço-temporal e são determinados por uma série infinita de causas finitas que escapa necessariamente aos limites de nosso conhecimento. Por isso, essa concatenação nos aparece como contingente e fortuita. É essa concatenação variável individualmente que é reproduzida pelas idéias imaginativas, estabelecendo o que Espinosa denomina de "ordem da memória", e que ele opõe à "ordem do intelecto" pela qual a mente percebe as coisas adequadamente e que é a mesma em todos os homens. Vemos, assim, que a imaginação é marcada pela diversidade e parcialidade das perspectivas individuais.

O segundo e o terceiro gêneros de conhecimento, denominados respectivamente de razão e ciência intuitiva, são constituídos apenas por idéias adequadas, isto é, idéias completas, intrinsecamente verdadeiras e dotadas de uma certeza matemática apreendida de imediato pela mente.

As idéias adequadas da razão são idéias das propriedades comuns das coisas, seja de todas as coisas, seja de um subconjunto delas. Por exemplo, o movimento é uma propriedade comum de todos os corpos. Assim, o conhecimento de suas leis gerais nos permite descrever o comportamento dos corpos. Não se trata aqui de conhecer um objeto em sua singularidade, mas de apreendê-lo como uma instância particular de uma lei geral. Como as propriedades comuns estão igualmente presentes na parte e no todo, suas idéias, chamadas de noções comuns, também estão presentes nas idéias tanto da parte quanto do todo, sendo, assim, necessariamente adequadas e comuns a todos os homens. Assim, com a razão atingimos um conhecimento universal e necessário. Por fim, com as idéias adequadas da ciência intuitiva o conhecimento verdadeiro alcança a singularidade dos objetos, pois com essas idéias as essências singulares das coisas são inferidas a partir da idéia adequada da essência de certos atributos de Deus. Por exemplo, as essências singulares de nossos corpos são conhecidas geneticamente como expressões certas e determinadas do atributo extensão.

Com a terceira parte da *Ética*, intitulada "Da origem e da natureza dos afetos", Espinosa dá continuidade ao exame do "tronco físico" do sistema, apresentando sua ciência das paixões e das ações. Trata-se aí da constituição de uma verdadeira física geométrica dos afetos, como ele afirma no final do prefácio: "Tratarei, portanto, da natureza e da força dos afetos, e do poder da alma sobre eles, com o mesmo método com que nas partes precedentes tratei de Deus e da alma, e considerarei as ações e os apetites humanos como se tratasse de linhas, de superfícies ou de volumes." Assim, em conformidade com o método adotado anteriormente, encontramos nessa parte uma dedução genética dos afetos que expõe sua produção interna e necessária em graus crescentes de complexidade. Não se trata, portanto, de uma mera descrição extrínseca de processos vividos ou observados empiricamente e de sua classificação em conformidade com os dados assim obtidos, mas de uma dedução *a priori* do conjunto dos afetos a partir de princípios independentes da experiência (embora, evidentemente, essa dedução deva reencontrar os dados da experiência). É por isso que só nos escólios, isto é, nos comentários que se seguem às demonstrações, Espinosa nomeia os afetos de que está tratando. Como a afetividade humana fornece a matéria-prima da vida ética, sendo o tronco comum da servidão e da liberdade, é com essa parte da obra que o sistema inicia a transição para a ética propriamente dita. É a partir da ciência dos afetos aí elaborada que será formulada na quinta parte da *Ética* uma técnica para moderar as paixões. Portanto, a maior parte de nossa exposição se concentrará sobre a *Ética* III.

A quarta parte ("Da servidão humana ou das forças dos afetos") tem por objetivo principal explicar as causas que precipitam o homem na escravidão, isto é, as causas da impotência humana para governar e refrear as paixões, de modo que, subjugado por elas, o homem "muitas vezes é forçado a seguir o pior, vendo muito embora o que é melhor para si". Nela encontramos também uma avaliação do que há de bom ou de mau nas paixões, isto é, em conformidade com a teoria subjetivista dos valores proposta na *Ética*, quais são úteis e quais são prejudiciais ao projeto de alcançar uma natureza humana mais potente, assim como um retrato das características do homem racional e livre (o sábio) que concretiza esta natureza. Por fim, a quinta parte da *Ética* ("Da potência da inteligência ou da liberdade humana"), explorando os conhecimentos da vida passional obtidos na terceira e na quarta partes, examina os "remédios dos afetos", isto é, demonstra em que medida e como a razão pode controlar as paixões, e apresenta a via que nos permite conquistar — se tivermos potência para tal — a liberdade da mente e a beatitude.

Passemos então à exposição das principais idéias da terceira parte.

## Potência de agir, *conatus* e desejo

"Toda coisa, enquanto está em si, se esforça por perseverar no seu ser." Sobre essa proposição, que formula o cerne da teoria do *conatus* (termo latino que significa esforço), se funda toda a teoria da afetividade, bem como a ética e a teoria política de Espinosa. Ela está enraizada na ontologia da potência desenvolvida na primeira parte de sua obra. Com efeito, vimos que as essências de todas as coisas finitas participam do dinamismo causal da substância divina produzindo efeitos em conformidade com seu grau de potência. Isto significa que todas as coisas são dotadas de uma potência de agir. Dada a tese da inteligibilidade integral do real, Espinosa sustenta que, assim como a definição genética da essência de uma coisa qualquer não pode envolver nenhuma contradição interna, assim também os efeitos que se seguem exclusivamente da essência desta coisa não podem jamais conduzir à sua destruição. A impossibilidade lógica da autodestruição exclui qualquer "pulsão de morte" na explicação espinosista dos afetos. Por isso, "nenhuma coisa pode ser destruída, a não ser por uma causa exterior".

Tomada isoladamente, uma coisa se esforça por uma duração indefinida para perseverar no seu ser, e este esforço é sua própria essência atual. Porém, as coisas finitas não existem de forma isolada. Elas estão situadas no mundo e só podem existir com o concurso de outras coisas finitas que interagem causalmente com elas favorecendo ou criando obstáculos ao pleno exercício de sua potência de agir. É precisamente em virtude desta interdependência causal que a potência das coisas finitas — ao contrário do que ocorre com a potência da substância absoluta — se exerce sob a forma de um esforço. Este, no entanto, não deve ser pensado como reenviando a alguma intenção consciente, a alguma finalidade que a coisa procura atingir. O termo "esforço", que se aplica indiscriminadamente às essências de todas as coisas (sejam elas materiais ou mentais, simples ou complexas), indica apenas aquela produção necessária de efeitos num contexto de interação com o mundo circundante.

Segundo o enunciado da proposição 6 da parte III, este esforço constitutivo de cada coisa é para perseverar no seu ser e não para se manter estaticamente no mesmo estado.

Não se trata, portanto, de uma mera universalização do princípio de inércia. Ao contrário, é tal princípio que apresenta uma aplicação particular da tese universal do *conatus* ao caso dos corpos mais simples, pois o ser destes corpos se confunde com o estado em que se encontram. Porém, nas coisas complexas, dentre as quais se situa o homem, muitas vezes é necessário alterar dinamicamente um certo estado para poder perseverar no seu ser. Além disso, quanto mais complexa a essência de uma coisa, mais rico o ser no qual ela tende a perseverar. Assim, a preservação da existência biológica bruta é apenas o conteúdo mínimo do *conatus* de um ser humano. O *conatus* humano, portanto, não é apenas um princípio de autoconservação, mas também de auto-expansão e realização de tudo o que está contido em sua essência singular.

O *conatus* recebe diferentes nomes quando é referido apenas à alma ou à alma e ao corpo simultaneamente. Quando é referido apenas à alma, chama-se vontade. Desse modo, vemos que a vontade não é uma faculdade de escolha, mas o esforço contido nas idéias que constituem a alma. Quando referido à alma e ao corpo, isto é, ao homem, chama-se apetite. Este, por sua vez, quando acompanhado de consciência de si, chama-se desejo. Assim, o desejo é definido como a própria essência do homem, enquanto esta é determinada a realizar os atos que servem à sua conservação. Essa definição caracteriza o desejo tomado absolutamente, ou seja, sem referência às excitações que lhe ocorrem nas diversas circunstâncias. Ela caracteriza, portanto, o desejo como um impulso originário que antecede lógica e ontologicamente suas múltiplas manifestações particulares. Para dar conta dessas particularizações e explicar a causa da consciência de si, Espinosa complementa essa definição afirmando que "o desejo é a essência do homem, enquanto ela é determinada a fazer algo por uma afecção qualquer nela verificada". A expressão "afecção qualquer" introduz precisamente a referência às condições relativas à atualização do desejo situado concretamente no mundo, condições que dão conta da fixação desse impulso primordial que nos constitui sobre os diversos objetos particulares. Por outro lado, a expressão indica também a causa da consciência. Se nós temos consciência de tender a perseverar em nosso ser é porque percebemos a permanência do nosso esforço através das afecções que nos ocorrem. Com efeito, em virtude da tese do paralelismo, a toda afecção do nosso corpo, seja ela inata ou adquirida, corresponde necessariamente uma idéia desta afecção na alma, e não há idéia que não seja acompanhada de sua duplicação reflexiva em uma idéia da idéia. Daí a presença da consciência de si. Porém, essa consciência nada acrescenta ao conteúdo particular dos desejos determinados pelas idéias dadas: ela é apenas um epifenômeno que constata a presença e a direção de nossos impulsos, sem orientá-los. Como afirma Espinosa, "quer o homem tenha ou não consciência de seu apetite, o apetite é sempre o mesmo".

A escolha do desejo, orientado espontaneamente no sentido da autoconservação e da auto-expansão, como móbil fundamental da conduta humana não é gratuita, pois ela envolve toda uma concepção do homem e do Universo.

Com ela Espinosa se coloca ao lado de Hobbes (apesar das importantes diferenças que os separam) como teórico da primazia da afirmação de si (tese também conhecida como "egoísmo universal"), contra aqueles que defendem a primazia do amor na explicação das paixões e da conduta humana.

De posse da compreensão do princípio dinâmico fundamental que rege a vida afetiva, podemos agora examinar as definições de afeto e distinguir seus tipos fundamentais.

## A natureza dos afetos: tipos básicos e afetos primitivos

Encontramos na *Ética III* duas definições de afeto. A primeira aparece logo no início dessa parte, enquanto a segunda fecha a exposição final das definições dos tipos particulares de afetos nela deduzidos. Tomemos como fio condutor de nossa exposição a primeira definição: "Por afeto (*affectum*) entendo as afecções (*affectiones*) do corpo, pelas quais a potência de agir desse corpo é aumentada ou diminuída, favorecida ou entravada, assim como as idéias dessas afecções. Quando, por conseguinte, podemos ser a causa adequada de uma dessas afecções, por afeto entendo uma ação; nos outros casos, uma paixão."

Três são os elementos importantes a serem destacados:

Em primeiro lugar, nessa definição Espinosa atribui inequivocamente os afetos tanto ao corpo quanto à alma. Tanto as afecções que alteram a potência de agir do corpo, quanto as idéias destas afecções que alteram a potência de agir da alma, isto é, sua potência de pensar, são afetos. Pelo reconhecimento de uma dimensão afetiva própria ao corpo Espinosa se opõe claramente à posição cartesiana, segundo a qual as paixões, embora causadas pela ação mecânica do corpo sobre a alma, são propriamente "percepções, sentimentos, ou emoções da alma, que referimos particularmente a ela".

No entanto, a segunda definição proposta por Espinosa, intitulada "definição geral dos afetos", parece seguir Descartes ao limitar os afetos apenas à alma. Com efeito, nela Espinosa afirma que "um afeto, chamado paixão da alma (*animi pathema*), é uma idéia confusa pela qual a alma afirma a força de existir, maior ou menor do que antes, do seu corpo ou de uma parte deste, e pela presença da qual a alma é determinada a pensar tal coisa de preferência a tal outra". Apesar do título, essa definição é na realidade duplamente restritiva em relação à primeira. Em primeiro lugar, ela não define os afetos em geral, mas apenas uma subclasse dos afetos, a saber, as paixões. E estas, como veremos adiante, não esgotam a totalidade da vida afetiva. No entanto, o predomínio que elas exercem em nossa vida — predomínio cuja explicação será exatamente o objeto da quarta parte da *Ética* — justifica a presença de uma definição geral da natureza das paixões no final da terceira parte. Em segundo lugar, esta definição restringe os afetos passivos apenas ao seu aspecto mental. Mas tal restrição não pretende negar a existência de um aspecto afetivo próprio ao corpo, pois isto seria contraditório com a definição inicial, com a tese do paralelismo e com várias passagens da *Ética* nas quais a palavra "afeto" é referida ao corpo. Ela apenas indica a adoção de uma estratégia explicativa dos afetos que privilegia a perspectiva da alma (na qual será ulteriormente elaborado o projeto de liberação). Essa escolha não exclui a legitimidade e a possibilidade de elaborar uma explicação da afetividade também da perspectiva corporal, embora, de fato, como Espinosa salienta no escólio da proposição 2 da parte III, "ninguém, até o presente, determinou o que pode o corpo", isto é, "ninguém, até o presente, conheceu tão acuradamente a estrutura do corpo que pudesse explicar todas as suas funções". Evidentemente, a inexistência de um conhecimento preciso da base neurofisiólogica das emoções num determinado momento histórico não implica na impossibilidade de desenvolver tal ciência no futuro (como provam, aliás, os recentes progressos obtidos na área).

Em segundo lugar, a primeira definição deixa claro que um afeto é uma afecção que faz variar positiva ou negativamente a potência de agir. Desta forma, uma afecção neutra, isto é, que deixa invariável a potência de agir, não tem dimensão afetiva. Assim, se todo afeto é uma afecção, nem toda afecção é um afeto. A variação positiva da potência de agir — ou seja, sua passagem a uma maior perfeição ou força de existir — constitui a alegria, enquanto sua variação negativa — isto é, sua passagem a uma menor perfeição ou força de existir — constitui a tristeza. Ao definir esses dois afetos que, junto com o desejo, constituem os afetos primitivos, Espinosa enfatiza sua natureza transitiva, destacando explicitamente a diferença entre o ato de passar para uma perfeição maior ou menor e o estado final alcançado após a transição. Tal diferença significa que os afetos não são o resultado de uma comparação intelectual entre o estado inicial e o final, pois, como ressalta Espinosa na explicação da segunda definição de afeto: "Deve notar-se, todavia, que, quando digo *força maior ou menor do que antes*, não entendo com isso que a alma compara o estado presente do corpo com o que tinha antes, mas que a idéia que constitui a forma do afeto afirma do corpo qualquer coisa que, de fato, envolve mais ou menos realidade que antes." Assim, o afeto não é o fruto de uma comparação, mas a experiência vivida de uma transição, de um aumento ou diminuição de nossa vitalidade.

Em terceiro lugar, a primeira definição distingue ainda os afetos ativos dos passivos, indicando com isso que a vida afetiva não se esgota na vida passional. Embora a idéia de uma dimensão afetiva irredutível à vida passional encontre precedentes na noção estóica das *eupatheïai* e na noção cartesiana das emoções interiores, jamais ela havia atingido o grau de elaboração que Espinosa lhe confere em seu sistema. Para compreendermos essa distinção, absolutamente fundamental para o projeto ético de Espinosa, é preciso introduzir as noções de causa adequada, causa inadequada, atividade e passividade.

Por causa adequada ou completa Espinosa entende "aquela cujo efeito pode ser clara e distintamente compreendido por ela", sendo a causa inadequada ou parcial "aquela cujo efeito não pode ser conhecido apenas por ela", de modo que sua explicação remete a causas exteriores complementares. Um ente finito é dito ativo quando é a causa adequada de um efeito que se produz nele ou fora dele, e passivo quando é a causa inadequada de um efeito que se produz nele ou que dele se segue. Causa adequada ou inadequada, atividade ou passividade, remetem portanto à auto-suficiência ou não de um ente finito face aos outros entes finitos na produção e explicação dos seus efeitos (esta auto-suficiência possível em relação aos outros modos finitos é limitada e fundada metafisicamente na produção incondicionada das essências finitas e na conseqüente independência entre elas). Assim, quando esses efeitos são as afecções que fazem variar a potência, isto é, quando são afetos, eles são denominados ações quando se explicam exclusivamente pelas leis de nossa natureza, e paixões quando sua presença em nós não se explica apenas por nós, mas depende da existência de causas exteriores complementares.

Ora, a substituição da tese cartesiana da interação causal entre a alma e o corpo pela tese do paralelismo leva Espinosa a recusar que as causas exteriores responsáveis pela explicação das paixões da alma remetam à ação do corpo sobre ela, bem como a recusar que a explicação dos movimentos ditos voluntários remeta a alguma ação da alma sobre o corpo. Com isso, é a chamada "regra da relação inversa", segundo a qual quando o corpo age a alma padece e vice-versa, que é excluída. Entre eles não há relação hierárquica, não há comando, não há subordinação. Em estrita conformidade com o paralelismo, à passividade mental corresponde uma passividade corporal e à atividade mental corresponde uma atividade corporal, sendo que tanto a atividade quanto a passividade se explicam em ambos os registros exclusivamente em função da produção adequada ou inadequada de seus efeitos segundo as leis que regem seus respectivos atributos. Com isso, Espinosa poderá demonstrar que a alma é passiva apenas na medida em que produz efeitos inadequados a partir de suas idéias inadequadas, e ativa apenas na medida em que produz efeitos adequados a partir de suas idéias adequadas. Ora, isto equivale a demonstrar que toda passividade mental, tanto cognitiva quanto afetiva, está conectada às idéias da imaginação, enquanto toda atividade mental se vincula às idéias do intelecto. Veremos a seguir a importância capital dessas conexões para a explicação dos afetos derivados. Antes, porém, cabe tecer ainda algumas breves considerações acerca dos tipos básicos de afetos (ativos e passivos) e suas relações com os afetos primitivos (positivos e negativos).

Os afetos ativos, sendo oriundos das idéias adequadas, são aqueles que nascem do exercício adequado de nossa potência intelectual. Isto significa que a razão é dotada de uma afetividade que lhe é peculiar, não havendo, portanto, oposição geral entre razão e afetividade. De fato, afirma Espinosa: "A alma, quer enquanto tem idéias claras e distintas, quer enquanto tem idéias confusas, esforça-se por perseverar no seu ser por uma duração indefinida e tem consciência do seu esforço". Ou seja, assim como há desejos passionais determinados pelas idéias inadequadas, há desejos racionais determinados pelas idéias adequadas. Ora, uma vez que os afetos ativos se explicam exclusivamente pela nossa natureza, é fácil mostrar que eles são necessariamente positivos. Com efeito, segundo a doutrina do *conatus*, nada do que se explica apenas pela natureza de uma determinada coisa pode conduzir à sua destruição ou diminuição. Logo, não pode conduzir à tristeza. Dessa forma, toda a afetividade ativa será caracterizada pela positividade e alegria. Já os afetos passionais, por dependerem do concurso de coisas exteriores a nós, poderão ser alegres ou tristes em função da compatibilidade ou não entre essas coisas e nós. Vemos, assim, que o par ativo/passivo não recobre o par positivo/negativo, pois embora as ações sejam necessariamente alegres, as paixões não estão fadadas a serem tristes.

Há, no entanto, uma diferença de importância ética fundamental entre os afetos ativos e os passivos, mesmo quando estes últimos também são alegres. Com efeito, as paixões, ao resultarem naturalmente de nossa interação com causas exteriores sempre variáveis, se caracterizam pela instabilidade e trazem a marca de nossa dependência em relação ao outro, de nossa heteronomia e alienação. Com elas nosso *conatus* se deixa orientar do exterior pelas afecções que nós sofremos, sendo as paixões eventos que nos ocorrem mas que escapam ao nosso poder, colocando-nos à mercê da fortuna. Por outro lado, as ações, ao resultarem exclusivamente de nossa natureza, se caracterizam pela constância e trazem a marca da autonomia e do exercício plenamente eficaz de nosso *conatus*. Por isso, é sobre elas que repousará o projeto de liberação e a experiência da beatitude.

## Os afetos secundários: amor e ódio

Desejo, alegria e tristeza constituem os afetos primitivos do sistema. Como, partindo dessa base exígua, Espinosa pretende dar conta das infinitas modulações, nuances e complexidades características da vida afetiva? Para tal, é preciso explicar como o desejo, modificado pela alegria e a tristeza, investe e se fixa sobre seus múltiplos objetos. O que permite dar conta dessa nova etapa na reconstrução genética dos afetos é a conexão estabelecida entre eles e as idéias, pela presença das quais, como afirma a segunda definição, "a alma é determinada a pensar tal coisa de preferência a tal outra". Com efeito, por seu conteúdo representacional as idéias referem-se a objetos, o que permitirá que seu aspecto afetivo se projete sobre eles. É exatamente o elemento cognitivo presente nos afetos derivados que explica a conexão entre eles e seus objetos, pois o objeto sobre o qual um afeto investe é o da crença espontaneamente envolvida em seu conteúdo cognitivo. É esse conteúdo que abre a possibilidade para uma certa forma de terapia cognitiva, proposta na *Ética* V, na qual a alteração do elemento cognitivo acarretará a transformação do afeto derivado. Ora, toda a passividade mental, como vimos, está essencialmente conectada com as idéias imaginativas. Passemos, então, às primeiras paixões objetais que nascem dessa conexão.

Na proposição 12 da parte III Espinosa demonstra que "a alma esforça-se, tanto quanto pode, por imaginar as coisas que aumentam ou facilitam a potência de agir do corpo". O aumento de nossa potência, como já sabemos, é a alegria. Assim, a alma necessariamente se esforça por imaginar as coisas que nos alegram. Essa alegria acompanhada da idéia imaginativa de uma causa exterior é precisamente o que define a essência do amor. Como a atenuação de qualquer afeto favorável contraria o movimento natural de nosso *conatus*, nós tendemos energicamente a reviver o afeto com sua intensidade primeira, esforçando-nos por representar seu objeto exterior como sempre presente. Por isso, o desejo, agora modificado pelo amor, investe de maneira naturalmente obsessiva sobre o objeto exterior amado. Assim, da mesma forma que a definição genética do círculo exemplificada mais acima permitia deduzir sua propriedade, a definição genética da essência do amor permite deduzir a propriedade que lhe é comumente atribuída (e erradamente tomada como sua definição essencial), a saber: a vontade do amante de unir-se à coisa amada.

Por sua vez, na proposição 13 de *Ética III* Espinosa demonstra que "quando a alma imagina coisas que diminuem ou reduzem a potência de agir do corpo, esforça-se, tanto quanto pode, por se recordar de coisas que excluem a existência delas". A diminuição de nossa potência, como também já sabemos, é a tristeza. Assim, a tristeza acompanhada da idéia imaginativa de uma causa exterior definirá geneticamente o ódio. A alma, no entanto, não se esforça por imaginar o que a entristece, pois isso contraria seu *conatus*. Ela resiste à idéia triste, procurando lembrar-se de coisas que excluem a existência presente do objeto odiado. O esforço em reconstituir um campo perceptivo onde não há lugar para esse objeto tende a estabelecer uma ligação obsessiva com o que pode destruí-lo, nosso esforço se concentrando, nesse caso, inteiramente na destruição do que nos prejudica.

Ora, as representações imaginativas envolvidas no amor e no ódio são — como todas as idéias imaginativas — inadequadas, confusas e fontes de uma falsa interpretação tanto dos objetos exteriores quanto da própria natureza do sujeito desejante. Como vimos, elas tendem a tomar a parte pelo todo e a projetar sobre a natureza do objeto exterior seu efeito sobre nós. Assim, na perspectiva invertida da imaginação, o útil que necessariamente desejamos em virtude do *conatus* aparece como livremente escolhido por nós. O objeto do desejo, destacado das circunstâncias exteriores e momentâneas que o determinam como útil, aparece como um fim desejável em si, como um bem em si que exerce uma atração sobre nós. Dessa forma, ele aparece como fundando "objetivamente" nossos juízos de valor, motivando nossas escolhas, enfim, inclinando nossa vontade sem, no entanto, determiná-la. Com isso, nós acreditamos falsamente que desejamos os objetos por julgarmos que eles são bons em si, quando, na realidade, é porque os desejamos que julgamos que são bons para nós. Assim, o imaginário voluntarista se articula à ilusão finalista influenciando parte significativa da gênese e do desdobramento de nossa vida passional.

Partindo exclusivamente das leis que regem a imaginação, Espinosa deduzirá toda a linhagem das paixões objetais derivadas do amor e do ódio. Haverá tantos tipos de afetos quantos forem os tipos de objetos, e, além disso, esses tipos receberão variações em função das idiossincrasias de seus respectivos sujeitos. Não cabe evidentemente nesta breve introdução acompanharmos os meandros dessa dedução. Nosso intuito será apenas o de destacar seus princípios fundamentais.

## Os princípios de derivação afetiva

As idéias imaginativas se encadeiam segundo a "ordem da memória", isto é, segundo a ordem para nós fortuita das afecções de nosso corpo. Assim, quando nosso corpo é afetado ao mesmo tempo por dois corpos, sempre que a alma imaginar um deles se lembrará imediatamente do outro. Suponhamos, no entanto, que o primeiro corpo produza em nós uma afecção afetivamente neutra, enquanto o segundo produza um afeto triste. No futuro, sempre que a alma imaginar o primeiro corpo, ela será automaticamente levada a imaginar o segundo, e, portanto, a se entristecer. Dessa forma, o primeiro corpo será "causa por acidente" de nossa tristeza. Com efeito, as associações estabelecidas entre as idéias imaginativas são desprovidas para nós de qualquer necessidade intrínseca, sendo derivadas da mera justaposição espaço-temporal existente entre as imagens dos objetos que nos afetam, assim como dos diversos traços de semelhança sensíveis existentes entre elas. É isso que explica "como pode acontecer que amemos ou odiemos certas coisas sem qualquer causa conhecida por nós, mas apenas por simpatia (como se diz) ou por antipatia".

Assim, por exemplo, o simples fato de termos notado alguém nos observando em uma situação desagradável faz com que sua mera presença nos relembre aquela cena, e que essa pessoa nos apareça sob uma luz afetivamente desfavorável; assim também, a mera semelhança de um desconhecido com algum ente querido faz com que ele nos apareça sob uma luz afetivamente favorável. Essas associações por contigüidade e por semelhança permitem que qualquer coisa inicialmente indiferente possa se tornar "por acidente" objeto de amor ou de ódio, e que não importa quem possa desejar o que quer que seja. Com isso, nossas paixões, submetidas ao mecanismo associativo que reproduz na mente a justaposição espaço-temporal e a fusão das imagens corporais, se deslocam continuamente e circulam sobre um vasto campo de objetos, propiciando que nos tornemos escravos passionais de nossa situação no Universo.

Um efeito particularmente importante do princípio de associação é o fenômeno da "flutuação do ânimo", isto é, da ambivalência afetiva na qual nós oscilamos entre afetos contrários referidos a um mesmo objeto. Essa oscilação está para a vida afetiva como a dúvida está para a vida cognitiva, onde a alma oscila entre afirmações contrárias sem ser capaz de chegar a conclusão alguma. Com o fenômeno da "flutuação do ânimo" surge a inconstância, a irresolução, a divisão interior. Sua explicação, em conformidade com o princípio anterior, é simples. Com efeito, uma mesma coisa pode ser causa por si de tristeza e, em virtude de sua semelhança com uma coisa que habitualmente nos causa alegria, ser causa por acidente de alegria. Ela, portanto, será ao mesmo tempo objeto de ódio e de amor, pois estes afetos contrários não se anulam mutuamente, mas coabitam de forma conflitante em nós. Um exemplo clássico dessas flutuações é a relação que as crianças mantêm com seus pais, amados pelos gestos de carinho, mas igualmente odiados pela imposição dos castigos. Esse importante fenômeno recebe também um segundo tipo de explicação independente do princípio de associação e que repousa sobre o fato de nosso corpo ser composto de múltiplas partes dotadas de naturezas diversas, de forma que um mesmo objeto exterior pode afetar positivamente uma ou mais partes nossas e negativamente outras. Assim, o mesmo objeto poderá ser causa eficiente em nós de afetos numerosos e contrários.

Um novo princípio surge com a introdução da dimensão temporal. Não é apenas a idéia imaginativa de uma coisa presente que nos afeta de alegria ou tristeza, mas também a de uma coisa passada ou futura. Com o surgimento da temporalidade, a representação dos objetos é conectada ao sentimento do "não mais" ou do "ainda não". Ora, segundo Espinosa, toda idéia imaginativa, sendo uma representação do objeto exterior a partir da idéia da afecção causada em nosso corpo, tende a afirmar a existência presente desse objeto exterior mesmo quando ele não mais existe. A imaginação possui, como vimos, uma natureza alucinatória. Por isso, para representar um objeto como ausente é preciso que essa representação entre em conflito com a representação de algo que exclua sua existência presente. Só a presença conflitante de outras idéias pode alterar a afirmação existencial primeira. É esse conflito, maior ou menor em função da quantidade de idéias envolvidas, que determina o "coeficiente de realidade" com o qual o objeto é imaginado. Ora, esse conflito acarreta naturalmente afetos marcados pela instabilidade, incerteza e flutuação do ânimo.

Assim, por exemplo, "a alegria instável nascida da idéia de uma coisa futura ou passada de cujo desenlace duvidamos em certa medida" origina a esperança. Por sua vez, "a tristeza instável nascida também da idéia de uma coisa futura ou passada de cujo desenlace duvidamos em certa medida" origina o medo. Vê-se claramente que a dúvida acerca do objeto imaginado faz com que não haja esperança sem medo e vice-versa. Se se retira a dúvida, da esperança nasce a confiança, e do medo, o desespero. Porém, esta estabilidade é precária, pois nosso conhecimento dos acontecimentos temporais é sempre inadequado, de modo que a mera ausência da dúvida não se confunde com a posse de uma certeza intelectual. A instabilidade afetiva contida no par esperança-medo exercerá uma função crucial na explicação da gênese da superstição e nas análises acerca das instituições políticas e religiosas desenvolvidas por Espinosa no *Tratado teológico-político* e no *Tratado político*.

Um novo patamar de complexidade surge com a introdução do princípio que rege especificamente as figuras interpessoais da afetividade, quando o objeto de nosso afeto é ele mesmo um sujeito desejante, capaz de alegria, tristeza, amor e ódio, e não mais uma coisa qualquer. O princípio fundamental aqui é o da "imitação dos afetos": "Se imaginamos que uma coisa semelhante a nós, e pela qual não experimentamos qualquer afeto, é afetada por um afeto qualquer, apenas por este fato somos afetados por um afeto semelhante." Esse mimetismo afetivo, verdadeiro fenômeno de contágio emocional, é um mecanismo automático, pré-reflexivo, que não supõe nenhuma comparação entre nós e as coisas que imaginamos semelhantes a nós. Com esse princípio, nossos afetos e condutas passam a ser modificados pela consideração dos afetos que atribuímos imaginariamente aos outros, afetos estes que reagem sobre os nossos, intervindo em sua constituição. É esse princípio, portanto, que fornece a base afetiva das ligações sociais e que funda os ciclos imaginários da reciprocidade afetiva.

Assim, por exemplo, na piedade nós nos entristecemos espontaneamente diante da tristeza de nossos semelhantes, e por isso nos esforçamos por suprimir essa tristeza (deles, mas no fundo também nossa) através dos atos de benevolência. Da mesma forma, na emulação nós tendemos a desejar aquilo que imaginamos ser desejado por nossos semelhantes, e quando este objeto não pode ser possuído senão por uma pessoa (o que em geral é o caso com os objetos espaço-temporais finitos da imaginação), somos naturalmente tomados pela inveja e nos esforçamos por fazer com que o outro não o possua. É também esse mesmo princípio que explica que nos esforcemos por fazer tudo o que imaginamos agradar aos homens e por evitar tudo o que acreditamos desagradá-los, mas igualmente que nos esforcemos por fazer com que eles aprovem o que amamos e reprovem o que odiamos. Vemos, com esses poucos exemplos, que o mesmo princípio pode gerar a solidariedade, mas também a inveja, a ambição, a rivalidade e a guerra infindável pelo reconhecimento.

O tema do reconhecimento, aliás, chama a nossa atenção para algo que precisa ser salientado, a saber, que nem todos os nossos afetos estão voltados para os objetos exteriores, mas que há afetos que se dirigem a nós mesmos. No caso das paixões essa relação afetiva a si é mediada pela maneira como nós nos imaginamos, e esta, por sua vez, é influenciada pela maneira como imaginamos que os outros nos vêem. Assim, a alma se alegra quando imagina sua capacidade de agir e este contentamento é especialmente alimentado e fortificado quando imaginamos que os outros nos estimam, ou seja, como diz Macherey, "nós nos estimamos através da estima dos outros". Evidentemente, esta relação imaginativa é inadequada, de modo que é fácil, por exemplo, a auto-satisfação transformar-se em soberba, isto é, num amor-próprio que faz com que o homem tenha de si uma opinião mais vantajosa do que seria justo. Da mesma forma, quando o homem é levado a contemplar a sua impotência ele se entristece (tal contemplação é o que define a humildade), e essa tristeza é favorecida quando ele imagina ser censurado pelos outros, podendo inclusive conduzi-lo a ter de si uma opinião demasiado desfavorável.

Por fim, há um princípio relacionado à introdução de considerações modais (necessário, possível e contingente). Com efeito, ao imaginarmos uma coisa exterior como agindo livremente, nós a representamos como a causa única e contingente do que ocorre conosco, concentrando assim sobre este único alvo toda a intensidade de nosso afeto. Por outro lado, ao imaginarmos uma coisa exterior como agindo necessariamente, nós a representamos como determinada por uma multiplicidade de causas, o que acarreta uma diminuição da força da ligação afetiva estabelecida com cada uma delas. Assim, vemos por que a ilusão do livre-arbítrio produz uma grande impetuosidade nas paixões inter-humanas. Como afirma Espinosa: "Os homens, porque julgam que são livres, se votam entre si um amor e um ódio maiores que às outras coisas."

## A força das paixões

Vimos acima os principais mecanismos responsáveis pela gênese das paixões. Por que, no entanto, são elas inelimináveis e o que explica sua enorme força sobre nós?

Já sabemos que somos passivos na medida em que algo de que somos apenas a causa parcial, isto é, que não se explica apenas pelas leis de nossa natureza, se produz em nós. Somos passivos, portanto, "na medida em que somos uma parte da Natureza que não pode conceber-se por si mesma sem as outras", o que ocorre por sermos modos finitos existentes na duração. Ora, "é impossível que o homem não seja parte da Natureza e que não possa sofrer outras mudanças senão aquelas que podem ser compreendidas apenas pela sua natureza e das quais é causa adequada". Com efeito, embora o fato de sermos partes da Natureza não implique que sejamos apenas passivos, pois há efeitos que se explicam exclusivamente por nossa essência, é impossível que sejamos apenas ativos, pois, neste caso, seríamos dotados de uma potência capaz de superar todos os obstáculos exteriores e, conseqüentemente, seríamos imortais. No entanto, a Natureza é infinita, de forma que não há nenhuma coisa singular tal que não exista outra mais potente, pela qual ela possa ser destruída. Assim, estamos continuamente expostos à ação perturbadora das causas exteriores, e todo projeto moral que pretenda alcançar a imperturbabilidade mediante a supressão radical das paixões oriundas desses encontros é fruto da ignorância acerca de nosso ser no mundo.

Ora, as paixões são coisas naturais e, como todas as coisas naturais, são dotadas de seu próprio *conatus*. Como elas são causadas em nós por coisas exteriores a nós, suas essências não se explicam apenas pela nossa, mas resultam da conjunção de elementos derivados das essências de suas causas exteriores. Como o *conatus* de algo nada mais é que sua essência atual, a mesma dependência em relação à causa exterior ocorrerá na explicação da potência da paixão. O que explica sua força, crescimento e perseverança na existência é, portanto, a potência de sua causa exterior em relação com a nossa. Ora, a potência das causas externas pode superar a nossa. Por isso, a força das paixões pode superar as nossas ações. É isso o que explica que nossas paixões possam ser mais fortes do que nós, e que "embora vejamos o melhor, muitas vezes façamos o pior". Com as paixões, o que ocorre em nós não se explica exclusivamente por nós e muitas vezes se impõe a nós. Esta presença violenta do exterior em nós, da qual todos temos experiência, é comumente expressa na linguagem habitual quando alguém afirma sinceramente que estava "fora de si" e que "não se reconhece no que fez".

O princípio geral da força das paixões recebe ainda um complemento de análise, pois assim como as características temporais (passado, presente e futuro) e modais (necessário, contingente e possível) das representações imaginativas desempenham uma função capital na gênese das paixões, assim também essas mesmas características repercutem sobre a intensidade variável das paixões. No exame dessa repercussão, Espinosa demonstra a natural supremacia das paixões por objetos imaginados como imediatamente presentes sobre todas as outras paixões, assim como sobre os afetos ativos que nascem da razão.

## Razão e afetividade

Ora, se estamos sempre necessariamente expostos às paixões, cujas forças podem e tendem naturalmente a nos superar, como reduzi-las ou moderá-las? O que pode a razão contra as paixões? Já vimos que o racionalismo absoluto de Espinosa não conduz a uma postura intelectualista na caracterização da natureza dos afetos, pois estes não nascem de comparações intelectuais. Vimos também que não há oposição geral entre razão e afetividade, pois há afetos ativos que nascem de nossas idéias adequadas. De fato, se o conhecimento intelectual pode interagir com as paixões, moderando-as e transformando nossa vida afetiva é exatamente porque ele tem a mesma raiz que as paixões, a saber, o desejo.

Ora, o desejo racional, como todo desejo, é um esforço para fazer o que serve à nossa conservação e auto-realização a partir de idéias dadas. Mas, neste caso, as idéias são adequadas e, portanto, certas e verdadeiras. Assim, afirma Espinosa, "uma vez que a razão não pede nada que seja contra a Natureza, ela pede, por conseguinte, que cada um ame a si mesmo; procure o que lhe é útil, mas o que lhe é verdadeiramente útil; deseje tudo o que conduz, de fato, o homem a uma perfeição maior; e, de uma maneira geral, que cada um se esforce por conservar seu ser, tanto quanto lhe é possível. Isto é tão necessariamente verdadeiro como o todo ser maior que a sua parte."

No caso da busca racional do que nos é verdadeiramente útil, nós compreendemos o que desejamos e desejamos porque compreendemos, de modo que nosso esforço para perseverar no ser é muito mais eficaz. No entanto, ainda aqui o racionalismo de Espinosa não conduz a uma postura intelectualista, se por intelectualismo entendermos a tese segundo a qual o mero conteúdo do conhecimento verdadeiro enquanto tal é suficiente para superar a força das paixões. Afinal, nem todo o conteúdo das idéias imaginativas envolvidas nas paixões desaparece diante da verdade, pois, como vimos, estas idéias possuem uma positividade enquanto indicam o estado atual do corpo (estado este que envolve suas variações de potência). Assim, a posição de Espinosa a esse respeito é clara: "um afeto só pode ser reduzido ou suprimido por um afeto contrário e mais forte", e "o verdadeiro conhecimento do bem e do mal, enquanto verdadeiro, não pode refrear nenhum afeto, mas sim enquanto é considerado como afeto". Desse modo, para tornar-se realmente eficaz é preciso que o conhecimento verdadeiro se expresse afetivamente e que seus afetos ativos se tornem mais fortes do que as paixões.

Todo o problema ético consiste, então, em determinar as condições nas quais os afetos ativos podem tornar-se mais fortes do que as paixões, invertendo as relações de força que favorecem as últimas em detrimento dos primeiros. Não se trata, como já vimos, de suprimir as paixões, mas de alterar a dosagem entre passividade e atividade. Como se tornar predominantemente racional e ativo?

Coerente com a exclusão do livre-arbítrio, Espinosa sustenta de forma realista que para que nossa potência intelectual possa se desenvolver e tornar-se afetivamente eficaz é necessário que as condições exteriores sejam favoráveis. Com efeito, a avaliação do caráter útil ou prejudicial das paixões proposta na *Ética IV* demonstra que as paixões alegres — exatamente porque nascem da compatibilidade entre suas causas exteriores e nós — aumentam nossa potência de agir e pensar, fornecendo, dessa forma, a ocasião favorável ao desenvolvimento da razão. Afinal, essa compatibilidade convida-nos a pensar o que há de comum entre nós e as coisas exteriores, e tais propriedades comuns são precisamente os objetos das noções constitutivas do conhecimento racional. Assim, as paixões alegres são diretamente úteis ao desenvolvimento da potência da razão. As paixões tristes, ao contrário, por resultarem de nosso desacordo com o meio, inibem esse desenvolvimento, sendo, portanto, diretamente prejudiciais. É por isso que Espinosa exalta a alegria e se levanta com veemência contra aqueles que exploram nossas paixões tristes, tais como o medo, a humildade, o arrependimento etc., e que travestem em pseudovirtudes morais a impotência ética nelas contida. Ora, à medida que a razão se desenvolve, nosso crescente conhecimento das propriedades comuns das coisas vai nos tornando progressivamente mais capazes de organizar nossas relações com o mundo de modo a incentivar o predomínio das paixões alegres sobre as tristes. Ou seja, o desenvolvimento da razão nos torna menos submissos em nossas interações com o meio circundante e nos permite satisfazer de modo mais eficaz nossos desejos passionais.

Mas o cultivo das paixões alegres, embora sempre importante, não é o fim último da vida racional e do projeto ético de Espinosa. Este se realiza, como dissemos, com a alteração das relações de força em proveito das ações. Ora, o desenvolvimento progressivo da razão, sobretudo quando atinge o ponto de formar as noções comuns acerca da própria vida afetiva, isto é, quando consegue elaborar a ciência da afetividade humana, é acompanhado não apenas da formulação de técnicas que permitem atenuar os efeitos nefastos dos mecanismos imaginativos que regem a vida passional, mas é também necessariamente acompanhado do desenvolvimento progressivo dos desejos e alegrias ativos que nascem do seu exercício. Assim, pouco a pouco, todas as relações cognitivas e afetivas da vida mental vão sendo transformadas em proveito da atividade.

As técnicas acima mencionadas e os afetos ativos que nascem da razão constituem os "remédios dos afetos", isto é, a terapêutica espinosista elaborada nas vinte primeiras proposições da *Ética* V. Para concluirmos nossa exposição, convém indicarmos seus elementos centrais. Para tal, seguiremos o resumo que Espinosa apresenta no escólio da proposição 20 da parte V, acrescentando a cada "remédio" um breve comentário.

O poder da alma sobre os afetos, diz ele, consiste:

1º) "no próprio conhecimento dos afetos": com efeito, não há paixão sobre a qual não possamos formar reflexivamente alguma noção comum, logo, alguma idéia adequada. Ora, essas idéias adequadas, e as alegrias que delas se seguem, são atividades mentais que se explicam apenas por nossa natureza e que transformam as paixões sobre as quais elas se aplicam, pois "um afeto que é uma paixão deixa de ser uma paixão logo que formamos dele uma idéia clara e distinta". Assim, quanto mais conseguirmos clarificar nossas paixões, menos passivos seremos em relação a elas, e mais os afetos ativos oriundos do conhecimento virão substituí-las;

2º) "em que ela separa o afeto do pensamento da causa externa, que nós imaginamos confusamente": a reflexão nos torna mais ativos e favorece nosso esforço intelectual para separar a paixão da idéia confusa de sua causa exterior e conectá-la de forma sistemática às noções comuns. Trata-se, assim, de um verdadeiro esforço de reinterpretação de nossa vida passional, especialmente eficaz em relação às paixões objetais. Com efeito, ao desfazer o laço associativo que liga a alegria e a tristeza às idéias imaginativas de seus objetos a alma se desfaz das paixões que nascem dessas associações, ou seja, do amor, do ódio e das flutuações do ânimo que eles engendram;

3º) "no tempo, graças ao qual as afecções, que se referem às coisas que nós compreendemos, triunfam sobre as que se referem às coisas que concebemos confusamente": os afetos que nascem da razão se referem ao conhecimento das propriedades comuns das coisas, propriedades que, por serem comuns, são imutáveis e sempre contempladas como presentes. Por isso, esses afetos são constantemente reavivados e dotados de uma estabilidade que, ao longo do tempo, permite superar as paixões instáveis que se referem às coisas mutáveis que imaginamos como ausentes;

4º) "na multidão das causas pelas quais as afecções que se referem às propriedades comuns das coisas ou a Deus, são alimentadas": um afeto que se refere simultaneamente a várias causas exteriores ocupa com mais freqüência a mente, sendo ao mesmo tempo menos intenso em relação a cada objeto exterior em particular e, por isso mesmo, propiciando que a alma escape da relação passional obsessiva que a retém na contemplação de um único objeto e a impede de pensar em outras coisas. Além disso, a consideração racional de uma multiplicidade de causas vem acompanhada da idéia de necessidade, o que, como já vimos, atenua a força das paixões;

5º) "na ordem em que a alma pode ordenar seus afetos e encadeá-los entre si": com efeito, enquanto não somos dominados por paixões tristes, temos o poder de ordenar os afetos segundo a "ordem da inteligência". Essa ordenação consiste numa espécie de exercício de autocondicionamento, no qual a alma conecta sistematicamente as regras de vida elaboradas pela razão (preceitos acerca do que nos é verdadeiramente útil) à imaginação de diversas situações adversas possíveis, de modo a estarmos mais preparados para enfrentá-las quando necessário. Assim, nós nos fortalecemos e diminuímos nossa dependência em relação à fortuna, pois "é preciso mais força para contrariar os afetos ordenados desta forma do que para contrariar afetos vagos e inconstantes".

O quarto item acima introduziu, ao lado da referência dos afetos ao conhecimento das propriedades comuns das coisas, a noção capital de uma referência dos afetos à idéia de Deus. Essa referência, ponto culminante do sistema, é elaborada na teoria do *amor intellectualis Dei*. Não é possível apresentar aqui as principais distinções e articulações conceituais dessa complexa teoria. Porém, cabe indicar, ainda que de forma nebulosa, a direção a que ela nos conduz. A passagem do conhecimento das coisas a partir das propriedades comuns ao seu conhecimento a partir da idéia de Deus equivale à passagem da razão à ciência intuitiva. Com efeito, as propriedades comuns mais abrangentes dos corpos e das idéias são, respectivamente, a extensão e o pensamento. Quando estes são concebidos por nós como atributos constitutivos da essência eterna de Deus, e as coisas singulares — dentre as quais se incluem nossos afetos e nossa própria essência — são concebidas adequadamente como modos finitos da substância absoluta, isto é, como efeitos imanentes da produtividade inesgotável da Natureza, nossos afetos ativos adquirem uma tonalidade e intensidade originais. Nosso conhecimento adequado das coisas é ele mesmo apreendido adequadamente como a expressão plena de nossa potência intelectual, e desta apreensão nasce o mais alto contentamento interior que pode haver. Com efeito, diferentemente do que ocorre com a auto-satisfação passional, esse contentamento ativo escapa da dependência imaginária em relação ao reconhecimento, sempre instável e precário, por parte dos outros. Mas este contentamento, por sua vez, é necessariamente acompanhado da idéia adequada de Deus como causa, pois da perspectiva da ciência intuitiva nossa potência é apreendida como expressão certa e determinada da potência infinita de Deus. Ora, o contentamento interior acompanhado da idéia de Deus como causa é precisamente o que define o amor intelectual por Deus, amor que, por referir-se a um ser eterno, infinito e imutável, escapa necessariamente da instabilidade, dos conflitos e das demandas características do amor passional, e nos transporta para o coração da experiência da beatitude, na qual nossa suprema felicidade coincide com o gozo contínuo que nasce do "conhecimento de nossa união com a Natureza inteira, isto é, com Deus".

# Seleção de textos

"A maior parte daqueles que escreveram sobre os afetos e a maneira de viver dos homens parecem ter tratado não de coisas naturais que seguem as leis comuns da Natureza, mas de coisas que estão fora da Natureza. Mais ainda, parecem conceber o homem na Natureza como um império num império. Crêem, com efeito, que o homem perturba a ordem da Natureza mais do que a segue, que ele tem sobre seus atos um poder absoluto e tira apenas de si mesmo sua determinação. Procuram, portanto, a causa da impotência e da inconstância humana não na potência comum da Natureza, mas não sei em que vício da natureza humana, e, por essa razão, lamentam-na, riem-se dela, desprezam-na, ou, o que acontece mais freqüentemente, detestam-na; e aquele que mais eloqüentemente ou mais sutilmente souber censurar a impotência da alma humana é tido por divino. É certo que não tem faltado homens eminentes (ao trabalho e ao talento dos quais confessamos dever muito) para escrever muitas coisas belas sobre a reta conduta da vida e dar aos mortais conselhos cheios de prudência. Mas ninguém, que eu saiba, determinou a natureza e a força dos afetos e, inversamente, o que pode a alma para moderá-los. Sei, na verdade, que o celebérrimo Descartes, embora também ele acreditasse que a alma tinha, sobre suas ações, um poder absoluto, tentou, todavia, explicar os afetos humanos por suas causas primeiras e mostrar, ao mesmo tempo, a via pela qual a alma pode adquirir um império absoluto sobre os afetos. Mas, na minha opinião, ele nada mostrou, a não ser a penetração de seu grande espírito, como o mostrarei no lugar apropriado. De momento, quero voltar àqueles que preferem detestar ou ridicularizar os afetos e as ações dos homens a conhecê-las. A esses, sem dúvida, parecerá estranho que eu me proponha a tratar dos vícios dos homens e das suas inépcias à maneira dos geômetras e que queira demonstrar por um raciocínio certo o que eles não cessam de proclamar contrário à razão, vão, absurdo e digno de horror. Mas eis como eu raciocino. Nada acontece na Natureza que possa ser atribuído a um vício desta; a Natureza, com efeito, é sempre a mesma; a sua virtude e a sua potência de agir são unas e por toda parte as mesmas. Isto é, as leis e as regras da Natureza, segundo as quais tudo acontece e passa de uma forma a outra, são sempre e por toda parte as mesmas; por conseqüência, a via reta para conhecer a natureza das coisas, quaisquer que elas sejam, deve ser também una e a mesma, isto é, sempre por meio das leis e das regras universais da Natureza. Portanto, os afetos de ódio, de cólera, de inveja etc., considerados em si mesmos, resultam da mesma necessidade e da mesma força da Natureza que as outras coisas singulares; por conseguinte, elas têm causas determinadas, pelas quais são claramente conhecidas, e têm propriedades determinadas tão dignas de nosso conhecimento como as propriedades de todas as outras coisas cuja mera contemplação nos dá prazer. Tratarei, portanto, da natureza e da força dos afetos, e do poder da alma sobre eles, com o mesmo método com que nas partes precedentes tratei de Deus e da alma, e considerarei as ações e apetites humanos como se tratasse de linhas, de superfícies ou de corpos."

*Ética* III, Prefácio

"Pelo que diz respeito ao segundo ponto, certamente que a sorte da humanidade seria muito mais feliz se estivesse igualmente na potência do homem tanto falar como se calar. Mas a experiência ensina suficiente e superabundantemente que nada está menos no poder dos homens do que a sua língua e que não há nada que eles possam fazer menos do que governar os seus apetites. Daí resulta que a maioria julga que a nossa liberdade de ação existe apenas em relação às coisas que aspiramos debilmente, pois o apetite por essas coisas pode ser facilmente contrariado pela recordação de qualquer outra coisa de que nos recordamos muitas vezes; enquanto julgam que de modo algum somos livres quando se trata de coisas que aspiramos com um afeto violento que não pode ser acalmado pela recordação de outra coisa. Todavia, se eles não soubessem, por experiência, que muitas vezes lamentamos as nossas ações e que, freqüentemente, quando somos dominados por afetos contrários, vemos o melhor e fazemos o pior, nada os impediria de crer que todas as nossas ações são livres. É assim que uma criancinha julga apetecer livremente o leite, um menino irritado, a vingança, e o medroso, a fuga. Um homem embriagado julga também que é por uma livre decisão da alma que conta aquilo que, mais tarde, em estado de sobriedade, preferiria ter calado.

Do mesmo modo, o homem delirante, a mulher tagarela, a criança e numerosos outros do mesmo gênero julgam falar em virtude da livre decisão da alma, enquanto que, todavia, são impotentes para reter o impulso de falar. A experiência faz ver, portanto, tão claramente quanto a razão, que os homens se julgam livres apenas porque são conscientes de suas ações e ignorantes das causas pelas quais são determinados; e, além disso, que as decisões da alma nada mais são que os próprios apetites, e, por conseguinte, variam conforme as variáveis disposições do corpo. Cada um, com efeito, governa tudo segundo seu próprio afeto, e, além disso, aqueles que são dominados por afetos contrários não sabem o que querem; finalmente, aqueles que não têm afetos são impelidos de um lado e de outro pelo mais leve motivo.

Tudo isso mostra, sem dúvida, claramente que, quer a decisão quer o apetite da alma e a determinação do corpo, são, de sua natureza, coisas simultâneas, ou, antes, são uma só e mesma coisa a que chamamos decisão quando é considerada sob o atributo do pensamento e explicada por ele; determinação quando é considerada sob o atributo da extensão e deduzida das leis do movimento e do repouso, o que se verá mais claramente ainda pelo que, em breve, vamos dizer. Gostaria, com efeito, que se observasse particularmente o que se segue: nada podemos realizar por decisão da alma de que antes não tenhamos a recordação. Por exemplo, não podemos dizer uma palavra, a não ser que nos recordemos dela. Mas não está na livre potência da alma recordar-se de qualquer coisa ou esquecê-la. É por isso que se julga que o que está na potência da alma é apenas que podemos dizer ou calar, segundo a sua decisão, a coisa de que nos recordamos. No entanto, quando sonhamos que falamos, julgamos que falamos apenas por decisão da alma, e, todavia, não falamos, ou, se falamos, isso provém de um movimento espontâneo do corpo. Sonhamos também que escondemos aos homens certas coisas, e isso pela mesma decisão da alma em virtude da qual, durante a vigília, calamos o que sabemos. Sonhamos, enfim, que fazemos, por uma decisão da alma, aquilo que, quando acordados, não ousamos fazer. Em conseqüência disto, gostaria de saber se acaso existiriam na alma duas espécies de decisões, as imaginárias e as livres. Se se não quer chegar até este ponto de insensatez, deverá necessariamente reconhecer-se que a decisão da alma, que se crê ser livre, não se distingue da imaginação ou da memória e não é senão a afirmação necessariamente envolvida na idéia (ver proposição 49 da parte II). E, assim, essas decisões formam-se na alma com a mesma necessidade que as idéias das coisas existentes em ato. Aqueles, portanto, que julgam que é em virtude de uma livre decisão da alma que falam, se calam ou fazem seja o que for, sonham de olhos abertos."

Extraído da *Ética III*, proposição 2, escólio

# Referências e fontes

• Todas as citações da *Ética demonstrada à maneira dos geômetras*, tanto ao longo do livro quanto na seção "Seleção de textos", foram extraídas do volume dedicado a Espinosa da coleção Os Pensadores (São Paulo, Abril Cultural, 1973). Porém, essa tradução foi revista por mim de modo a corrigir alguns erros importantes, dentre os quais cabe assinalar a tradução dos dois termos latinos "*affectus*" e "*affectiones*" pelo único termo português "*afecção*".

• Da obra *Ética*, foram utilizadas as seguintes citações, além das que constam na "Seleção de textos": da parte I, nas páginas 9 (apêndice), 12 (proposição 33, escólio 2), 17 (definição 3), 19 (definição 5), 20 (proposição 36); da parte II, nas páginas 19 (proposição 7 escólio), 22 (proposições 7 escólio e 13 escólio), 23 (proposição 13 escólio do lema VII); da parte III, nas páginas 9 (prefácio), 29 (proposição 6), 30 (proposição 4), 32 (definição dos afetos 1), 33 (definição 3), 35 (proposição 2 escólio), 36 (explicação da definição geral dos afetos e definição 1), 38 (proposição 9), 40 (definição geral dos afetos e proposição 12), 41 (proposição 13), 43 (proposições 14, 15 e 15 escólio), 46 (proposição 18 escólio 2), 46-7 (proposição 27), 48 (definição dos afetos 28, 15 e proposição 55), 49 (proposição 49 escólio); da parte IV, nas páginas 49 (proposições 2 e 4), 50 (axioma), 52 (proposição

18 escólio e proposição 7), 52-3 (proposição 14); da parte V, nas páginas 13-14 (prefácio), 55 (proposição 20 escólio e proposição 3), 57 (proposição 10 escólio).

• As citações do *Tratado da reforma do entendimento* na p.7 também foram extraídas do volume dedicado a Espinosa da coleção Os Pensadores (§ 1 e § 13).

• A referência a Descartes na p.15 é extraída das *Respostas às segundas objeções* (coleção Os Pensadores, São Paulo: Abril Cultural, 1979, p.166), na p.16 é extraída do artigo 51 dos *Princípios da filosofia* (coleção Filosofia Analytica, Rio de Janeiro, Ed. UFRJ, 2002) e na p.34 é extraída do artigo 27 das *Paixões da alma* (coleção Os Pensadores, São Paulo: Abril Cultural, 1979).

• A citação acerca da unidade da consciência na p.23-4 é extraída do livro de Martial Gueroult — *Spinoza*; tomo II (L'âme), Aubier-Montaigne, cap.VII, §III, p.192.

• A explicitação dos significados antropológicos e cosmológicos envolvidos na escolha dos afetos primitivos a que nos referimos brevemente na p.32-3 é desenvolvida magistralmente por Alexandre Matheron no capítulo 5 de seu livro (vide referência na seção seguinte).

• A citação de Pierre Macherey na p.48 é extraída da p.335 de seu livro (vide referência na seção seguinte).

• Sem poder indicar aqui a parte exata que cabe a cada um, gostaria de manifestar a enorme dívida deste livro para com as interpretações propostas por Edwin Curley, Gilles Deleuze, Martial Gueroult, Alexandre Matheron e Pierre Macherey (vide referências na seção seguinte), bem como para com as penetrantes análises desenvolvidas pelo professor Jean-Marie Beyssade em um seminário de doutorado ministrado na Universidade de Paris IV — Sorbonne em 1990.

# Leituras recomendadas

**Obras de Espinosa:**

O volume dedicado a Espinosa da coleção Os Pensadores, já citado nas "Referências e fontes", contém traduções das seguintes obras: *Ética demonstrada à maneira dos geômetras*; *Pensamentos metafísicos*; *Tratado da reforma do entendimento*, *Tratado político* e uma seleção de cartas. Há também em português uma tradução do *Tratado teológico-político* (São Paulo: Martins Fontes, 2003).

**Obras sobre Espinosa:**

Ainda é muito escassa a literatura secundária em português dedicada à teoria da afetividade em Espinosa. Assim, referindo-se particularmente a esse tema ou abordando-o no contexto mais amplo da *Ética*, indico a seguir alguns livros, capítulos de livros e artigos publicados também em outras línguas:

Alquié, F. *Servitude et liberté selon Spinoza* (Paris: "Les Cours de la Sorbonne", C.D.U., 1966).
Chaui, M. "Laços do desejo"; in *O desejo* (São Paulo: Companhia das Letras, 1990).

______ "Sobre o medo"; in *Os sentidos da paixão* (São Paulo: Companhia das Letras, 1987).

Curley, E.M. *Behind the Geometrical Method: A reading of Spinoza's Ethics* (Nova Jersey: Princeton University Press, 1988).

Delbos, V. *O espinosismo: curso proferido na Sorbonne em 1912-1913* (São Paulo: Discurso Editorial, 2002).

Deleuze, G. *Spinoza et le problème de l'expression* (Paris: Les editions de minuit, Paris, 1968).

______. *Espinosa: filosofia prática* (São Paulo, Escuta, 2002).

Della Rocca, M. "Spinoza's metaphysical psychology"; in Garret, D. (org.) *The Cambridge Companion to Spinoza* (Cambridge: Cambridge University Press, 1996).

Gueroult, M. "Spinoza, III: Introduction générale et première moitié du premier chapitre"; in *Revue Philosophique de la France et de l'étranger*, n°102, 1977.

Hampshire, S. *Spinoza* (Madri: Alianza Editorial, 1982).

Macherey, P. *Introduction à l'Ethique de Spinoza: La troisième partie — La vie affective* (Paris: PUF, col. "Les grands livres de la philosophie", 1995).

Matheron, A. *Individu et communauté chez Spinoza* (Paris: Les editions de minuit, 1988).

Yovel, Y. (org.) *Desire and Affect: Spinoza as Psychologist — Papers presented at the second Jerusalem Conference (Ethica III)*; (Nova York: Little Room Press, 1999).

Por fim, tendo em vista que o caráter sistemático do pensamento de Espinosa faz com que a perfeita compreensão das partes III, IV e V da *Ética* dependa da compreensão das partes

I e II, indico a seguir alguns livros em português que abordam mais especificamente temas contidos nessas duas primeiras partes:

Chaui, M. *A nervura do real. Imanência e liberdade em Espinosa*. Vol. I: Imanência (São Paulo: Companhia das Letras, 1990).

Gleizer, M.A. *Verdade e certeza em Espinosa* (Porto Alegre: L&PM, coleção Philosophia, 1999).

Levy, L. *O autômato espiritual. A subjetividade moderna segundo a Ética de Espinosa* (Porto Alegre: L&PM, coleção Philosophia, 1998).

# Sobre o autor

Marcos André Gleizer nasceu no Rio de Janeiro, em 1961. É bacharel em filosofia pela Universidade Federal do Rio de Janeiro (UFRJ), onde também obteve seu título de mestre em filosofia em 1987. Doutor em filosofia pela Universidade de Paris IV — Sorbonne (1992), realizou estágio de pós-doutorado na Universidade de Princeton de 2001 a 2002. Atualmente, é professor adjunto do departamento de filosofia da Universidade do Estado do Rio de Janeiro (Uerj). É pesquisador do Conselho Nacional de Desenvolvimento Científico e Tecnológico (CNPq), membro do grupo de pesquisa Seminário Filosofia da Linguagem (IFCS/UFRJ) e da Associação Nacional de Estudos Filosóficos do Século XVII, da qual é um dos fundadores. É autor do livro *Verdade e certeza em Espinosa* (L&PM, 1999), além de artigos especializados na obra de Espinosa e Descartes.

## Coleção **PASSO-A-PASSO**

*Volumes recentes:*

CIÊNCIAS SOCIAIS PASSO-A-PASSO

**O negócio do social [40]**, Joana Angélica Barbosa Garcia

**Origens da linguagem [41]**, Bruna Franchetto e Yonne Leite

**Antropologia da criança [57]**, Clarice Cohn

**Patrimônio histórico e cultural [66]**, Pedro Paulo Funari e Sandra de Cássia Araújo Pelegrini

**Antropologia e imagem [68]**, Andréa Barbosa e Edgar T. da Cunha

**Antropologia da política [79]**, Karina Kuschnir

**Sociabilidade urbana [80]**, Heitor Frúgoli Jr.

**Pesquisando em arquivos [82]**, Celso Castro

**Cinema, televisão e história [86]**, Mônica Almeida Kornis

FILOSOFIA PASSO-A-PASSO

**Estética [63]**, Kathrin H. Rosenfield

**Filosofia da natureza [67]**, Márcia Gonçalves

**Hume [69]**, Leonardo S. Porto

**Hannah Arendt [73]**, Adriano Correia

**Schelling [74]**, Leonardo Alves Vieira

**Niilismo [77]**, Rossano Pecoraro

**Kierkegaard [78]**, Jorge Miranda de Almeida e Alvaro L.M. Valls

**Filosofia da biologia [81]**, Karla Chediak

**Ontologia [83]**, Susana de Castro

**John Stuart Mill & a liberdade [84]**, Mauro Cardoso Simões

**Filosofia da história [88]**, Rossano Pecoraro

**Teoria do conhecimento [91]**, Alberto Oliva

PSICANÁLISE PASSO-A-PASSO

**Psicanálise com crianças [75]**, Teresinha Costa

**Feminino/masculino [76]**, Maria Cristina Poli

**Cinema, imagem e psicanálise [85]**, Tania Rivera

**Trauma [87]**, Ana Maria Rudge

**Édipo [89]**, Teresinha Costa

**A psicose [90]**, Andréa M.C. Guerra

**A angústia [92]**, Sonia Leite

**Educação e psicanálise [93]**, Rinaldo Voltolini

**Os outros em Lacan [94]**, Antonio Quinet

**A paixão [95]**, Marcus André Vieira

**Histeria: o caso Dora [96]**, Nadiá Paulo Ferreira e Marcus Alexandre Motta